Ce cahier appartient à :

....

Ce cahier te propose des jeux qui te feront réfléchir en attendant que tes camarades de classe finissent leur activité.

Ils sont classés en QUATRE domaines :
les lettres et les mots - la géométrie - les nombres - la logique.
Il n'y a pas d'ordre à respecter.
Tu peux donc choisir le jeu qui t'intéresse le plus lorsque tu ouvres le cahier.

Aussitôt que tu as fini une fiche,
vérifie tes réponses en regardant les solutions (placées à la fin du cahier).
Si tout est juste,
colorie ci-dessous la partie de rosace
qui correspond au numéro de ta fiche.

A toi de jouer maintenant...!

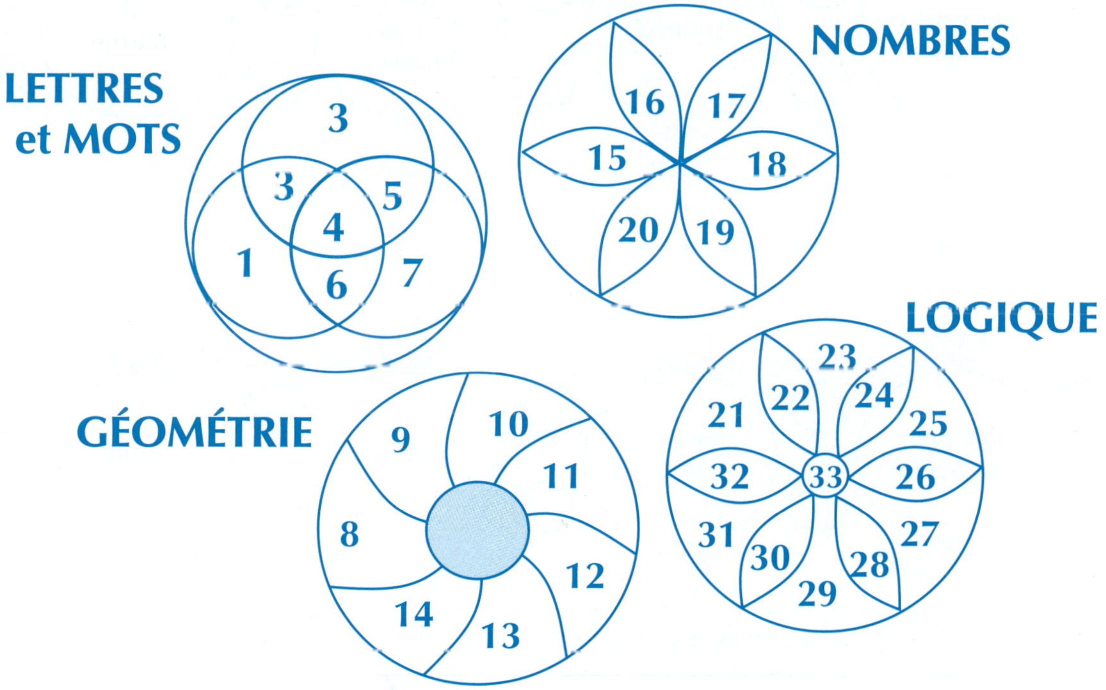

Les rosaces sont toutes coloriées ?
FÉLICITATIONS !!! Tu obtiens une MEDAILLE D'OR !!!
Tout n'est pas colorié ? **OH... DOMMAGE...!**
Peut-être que tu ne t'es pas assez concentré(e) ou bien tu es allé(e) trop vite...
Tu obtiens une MEDAILLE DE BRONZE.

EBLA EDITIONS - 2 Rue du Réveil Matin - 91 230 MONTGERON
Ebla I.S.S.N. 1243 1036 - Dépôt Légal : 4e Trimestre 2007
I.S.B.N. 2-915426-71-6 - E.A.N. 9782915426717

1 - LES CADRANS

⏭ Avec un crayon à papier, **relie** chaque mot à sa définition.

⏭ **Copie** chaque lettre à sa place, **en commençant** par placer les lettres des **deux cadrans de gauche**.

B

une chose à ne pas faire

pas gai

ne pas dire la vérité

elle est pointue

CANINE - VIRAGE - MENTIR - LÉGÈRE - BÊTISE - PERMIS - TRISTE - USINES

U

des gens y travaillent

autorisé

elle n'est pas lourde

il tourne

C

lieu pour les bébés

faire un trou

milieu

amie

CENTRE - USERAS - NUAGES - PERCER - USAGÉS - CRÈCHE - BATEAU - COPINE

U

abimés

abimeras

ils passent

il navigue

2 - LE BON SENS

Un mot est caché dans chaque cadran.

L'INITIALE du mot à lire est la **lettre centrale**. Trouve ensuite comment tourner.

⏭ **Ecris** sous chaque cadran le mot que tu as réussi à lire.

....

....

....

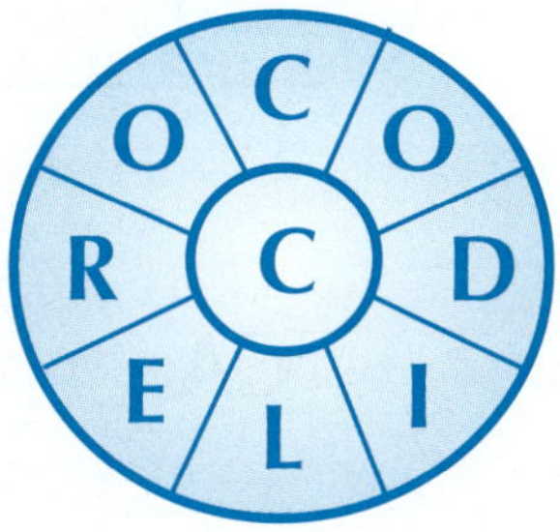

....

....

....

....

....

3 - LES BONNES SYLLABES

⏭ **Colorie** les trois syllabes qui permettent de reconstituer un mot.

⏭ **Ecris** ce mot.

AU	TO
MO	MNE
NE	NI

I	MA
GI	GNI
QUE	FI

CA	DU
PEN	PU
NE	LE

AI	LE
GE	TER
CA	GOU

CHA	VI
TEAU	TU
PEAU	PI

BOT	PA
QUE	TI
LU	TER

4 - DANS L'ORDRE

⏭ **Ordonne** les pions du plus petit au plus grand
afin d'obtenir un mot que tu **écriras**.

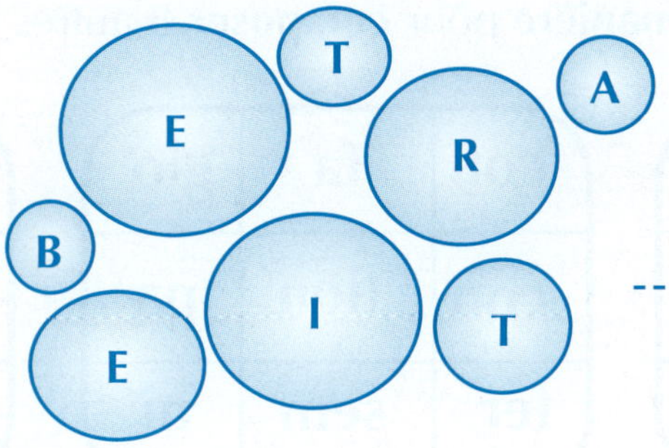

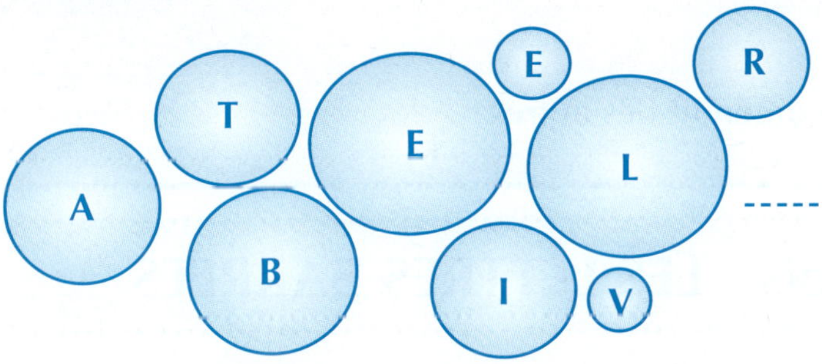

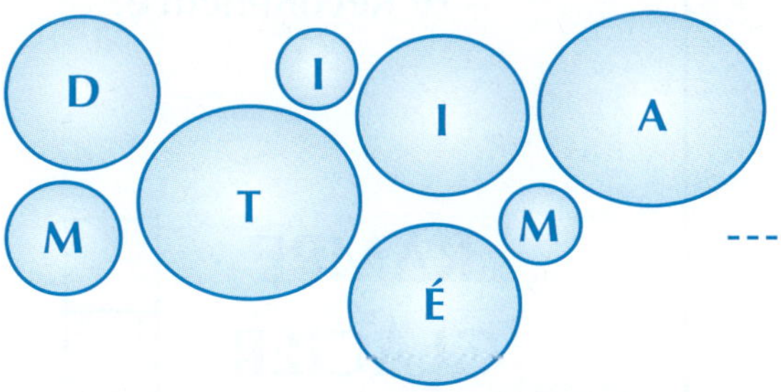

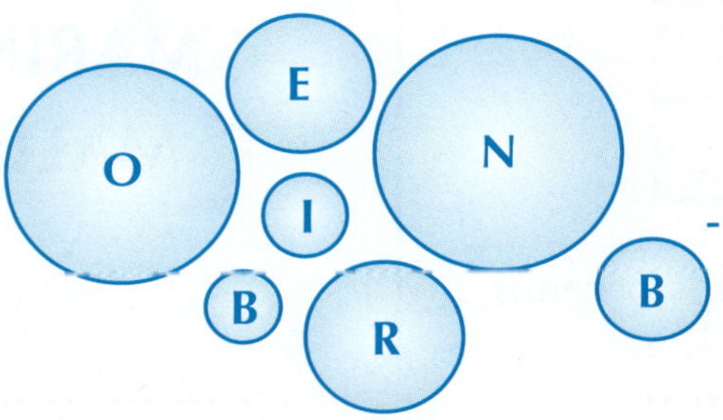

5 - LES SYLLABES EN VRAC

⏭ **Utilise** une syllabe de chaque grille pour composer un verbe.

⏭ **Ecris-le** puis **barre** les syllabes utilisées.

⏭ **Procède de la même manière** pour **composer** 8 autres verbes.

par	pleur	sé
ren	ques	en
ef	san	ras

cou	fa	glo
con	tion	pa
fer	sem	ni

rir	trer	ner
cer	cher	ter
rer	bler	mer

1 ....

2 ....

3 ....

4 ....

5 ....

6 ....

7 ....

8 ....

9 ....

⏭ **Entoure** le verbe différent des autres.

5bis - LES LETTRES BARRÉES

⏭ Dans chaque mot, **barre** une lettre afin d'obtenir un nouveau mot.

⏭ **Recopie dans la case bleue** la lettre barrée. Un nouveau mot apparaîtra.

~~D~~ÉGOÛT	D
CARÊME	
PÎTRE	
CERISE	

⏭ **Recopie** le mot de 4 lettres obtenu.

....

⏭ **Recommence.**

RAMPE	
GLACIER	
MARINE	
MALIN	

....

6 - LE DIALOGUE SECRET

Décode ce que chacun dit.

Ecris dans les bulles les phrases obtenues.

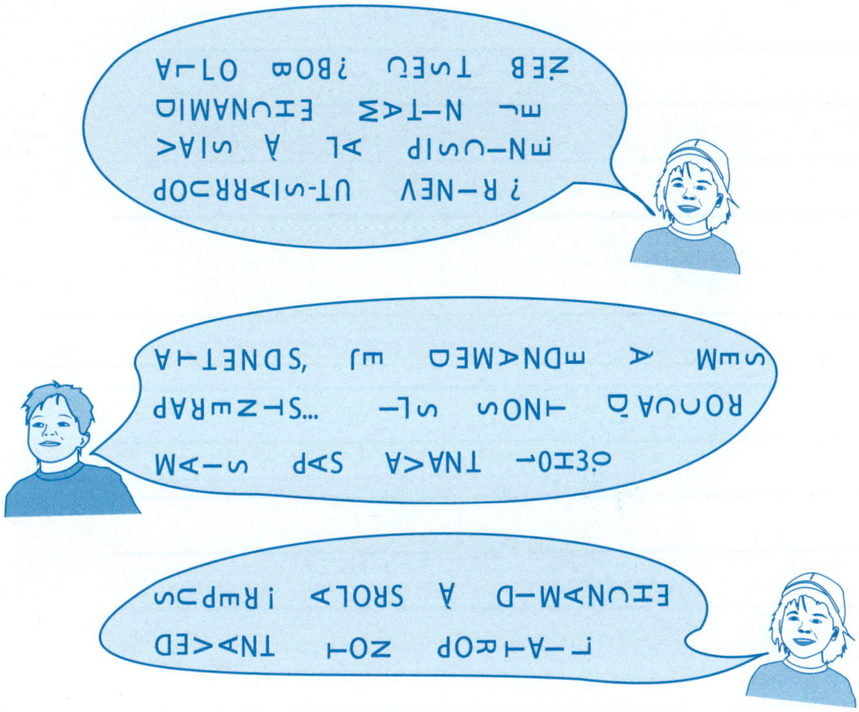

7 - LES NOTES DE MUSIQUE

⏭ **Copie** chaque note de musique à sa place pour compléter les mots.

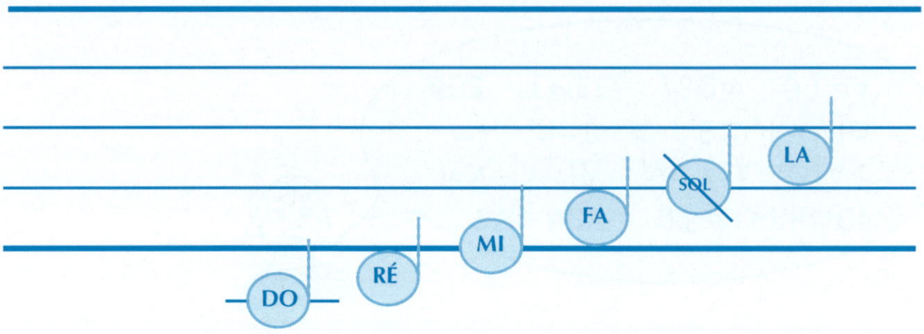

PARA**<u>SOL</u>**

AP __ TIR

__ VEILLER

__ R __ R

__ CILE

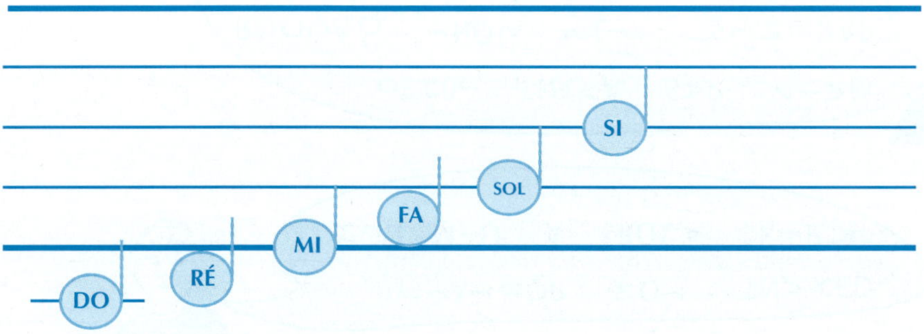

__ SÈRE

BAS __ NE

EN __ LEILLÉ

A __ RABLE

G __ GORY

__ IBLE

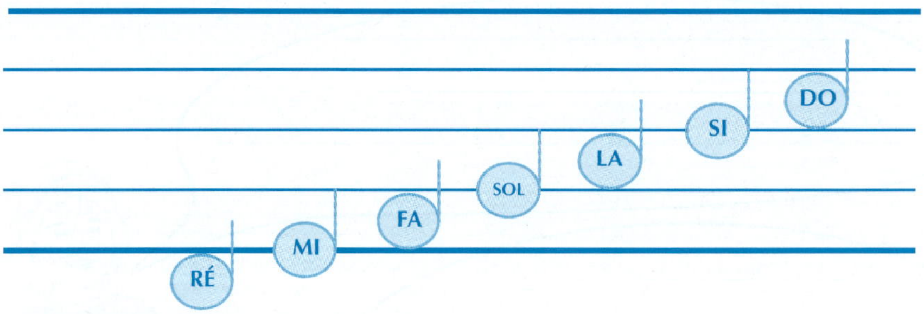

__ PONDRE

__ __ LLE

CAS __ S

BI __ N

__ IDE

__ RGE

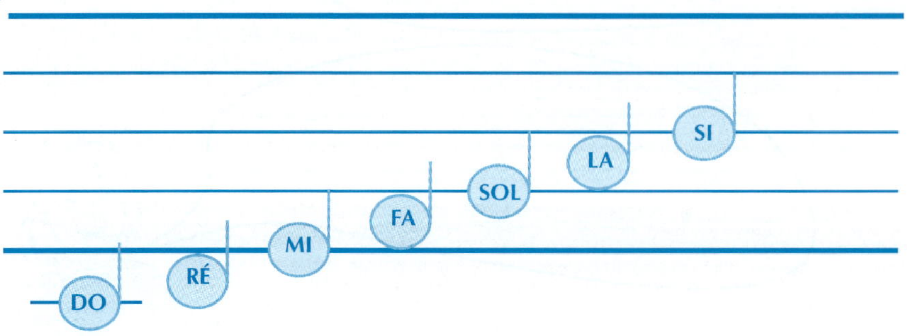

__ FFLER

BAL __ DE

__ TIGUE

AD __ __

__AIRE

__MPTEUR

8 - LES MOSAÏQUES-PUZZLES

⏭ **Relie** chaque pièce au puzzle-mosaïque qu'elle complète.
⏭ Tu **peux** ensuite **colorier** les mosaïques.

1

A

2

B

C

D

3

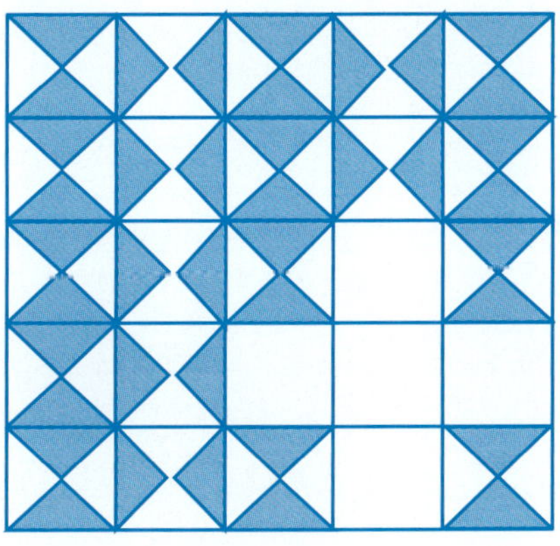

E

4

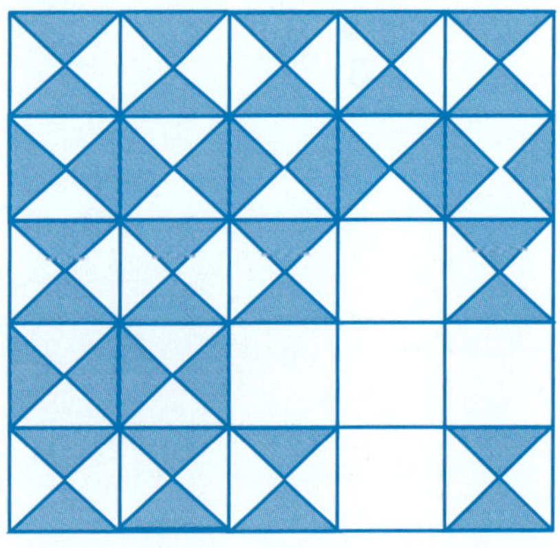

9 - LA GRANDE ROSACE

Agrandis la ROSACE BLEUE faite à partir de cercles tracés **au compas. Pour cela :**

⏭ **Pique** ton compas **en 1**, **écarte-le** jusqu'**en 2** puis **trace** un cercle.

⏭ **Garde l'écartement** du compas et **pique-le en 2** puis **trace** un cercle.

⏭ **Trace cinq** cercles **en piquant** le compas **en 3** puis **en 4, en 5, en 6, en 7**.

⏭ Enfin, **pique** le compas **en 1** et **écarte-le** jusqu'**en 8** puis **trace** un cercle.

⏭ **Tu peux colorier la grande rosace obtenue.**

10 - DESSINS À REPRODUIRE

⏭ **Reproduis** les dessins en utilisant la règle, le compas et l'équerre.
⏭ Tu **peux** ensuite les **colorier**.

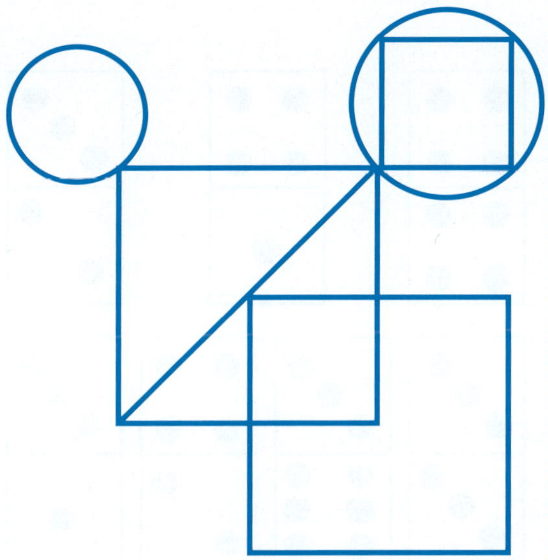

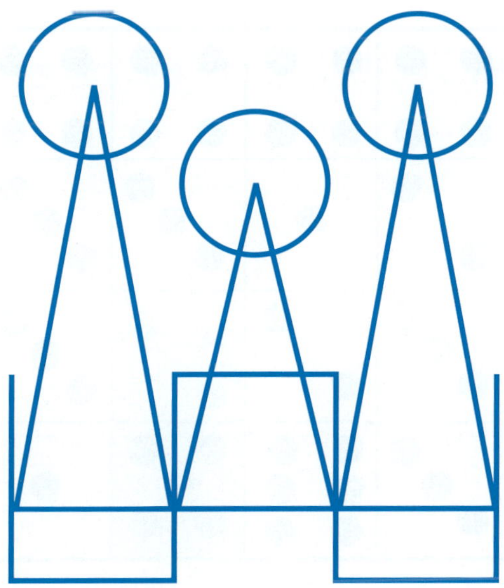

11 - LES DOMINOS CASÉS

⏭ **Choisis** 7 feutres puis **colorie** chaque domino d'une couleur.

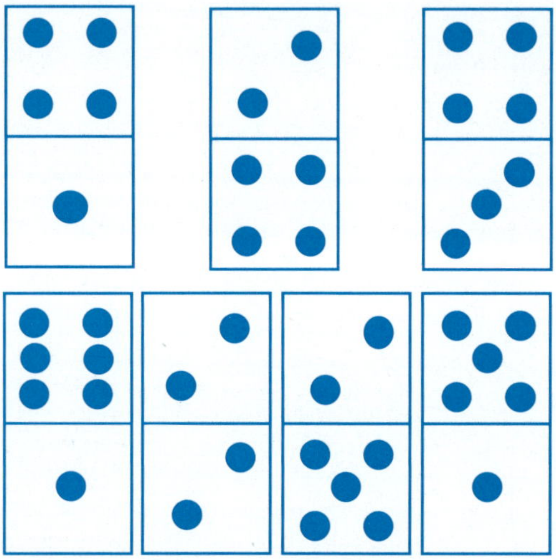

⏭ **Trouve** maintenant chaque domino coloré dans la grille puis **colorie-le** de la couleur correspondante.

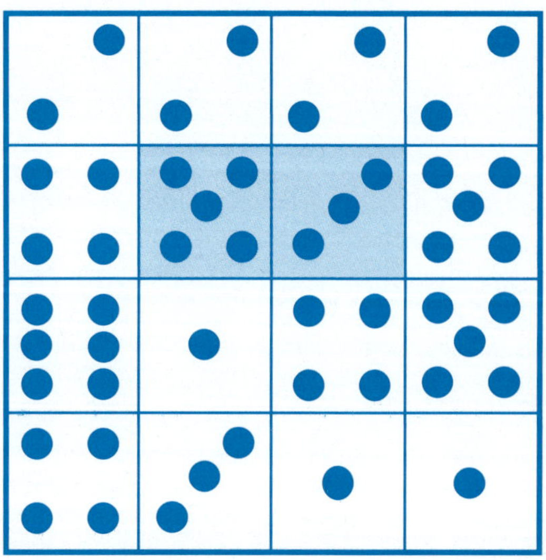

⏭ **Recommence.**

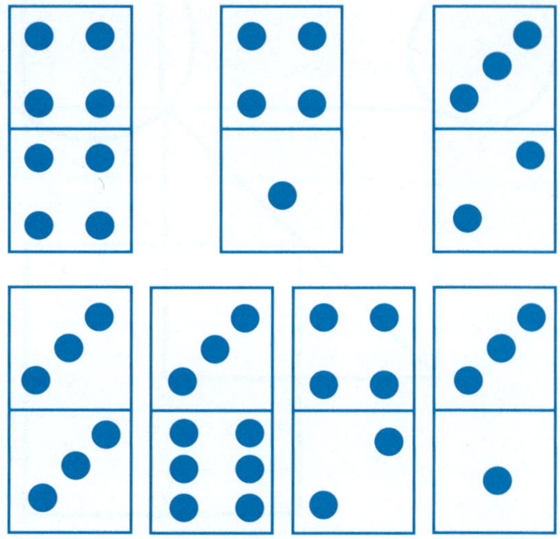

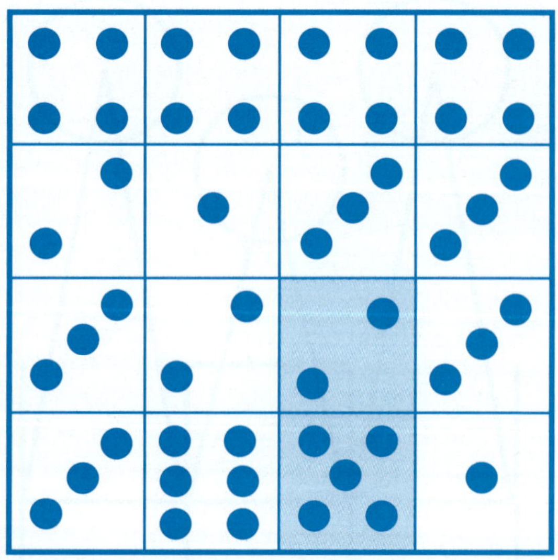

12 - LE PANTIN

⏭ **Écris** combien de **pantins complets** tu peux reconstituer avec ces formes

______

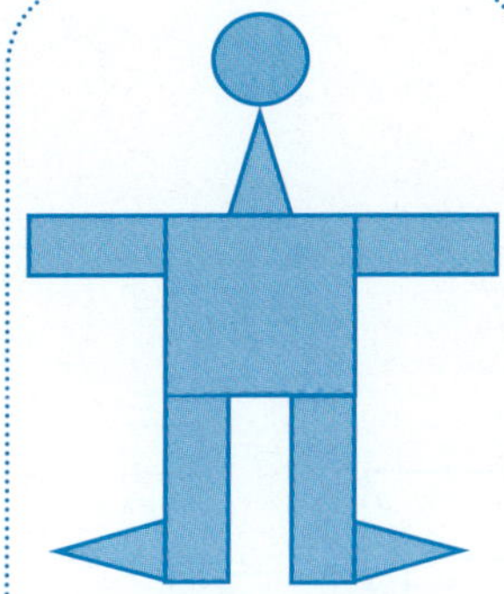

pantin modèle

13 - LES CUBES

⏭ **Ecris** le nombre de cubes qui composent ce chiffre.

⏭ **Ecris** combien il manque de cubes pour compléter ce **4**.

⏭ **Dessine-les**.

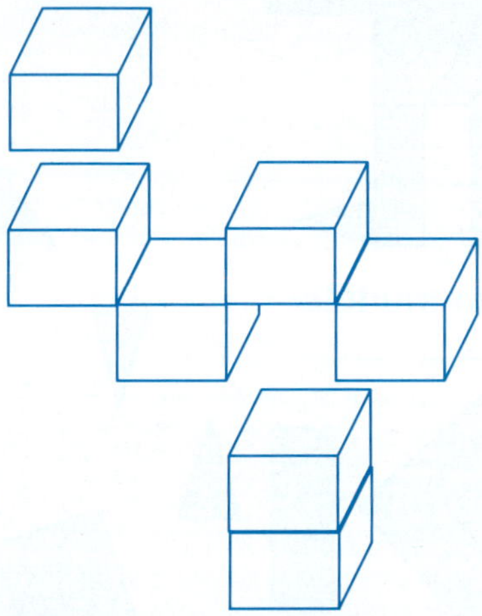

⏭ **Ecris** combien il manque de cubes pour compléter ce **3**.

⏭ **Dessine-les**.

⏭ **Ecris** combien il manque de cubes pour compléter ce **9**.

⏭ **Dessine-les**.

14 - COLORIAGE CODÉ

⏭ **Colorie** seulement :

- les **carrés** situés juste **à gauche** d'un **cercle**,
- les **triangles** contenus dans des **quadrilatères** (formes à 4 côtés)
- les **formes** à **5 côtés**.

15 - COMME LE SUDOKU

Chaque rectangle doit contenir les lettres A.B.C.D.E.F.
Chaque ligne verticale et chaque ligne horizontale aussi.

⏭ Ecris les lettres manquantes.

C	D		F	A	B
	B	C	D	E	F
E	F	A		C	
D		F		B	
	E	B			C
B	A	D	C		E

	F	B	D	E	
E				D	B
D	B	C	E		F
F	A		B	C	E
	D	E	C	F	
C	E	A	F		D

⏭ **Recommence** mais avec les chiffres **1.2.3.4.5.6.7.8.9.**

9	3			1	2	8	5	
6	1	2	7			4		9
	5	4	9	6		2	1	7
2		3			7		4	1
1	4		8	3		9	7	
7	6	9		4	1	3	8	5
3	7	8	6		5		9	4
4		1	3	7	9	5	6	8
5	9	6	1	8	4	7	2	

16 - LES NOMBRES PAIRS

⏭ **Relie** dans l'ordre croissant l**es nombres pairs** (ceux que tu peux partager en deux nombres identiques).

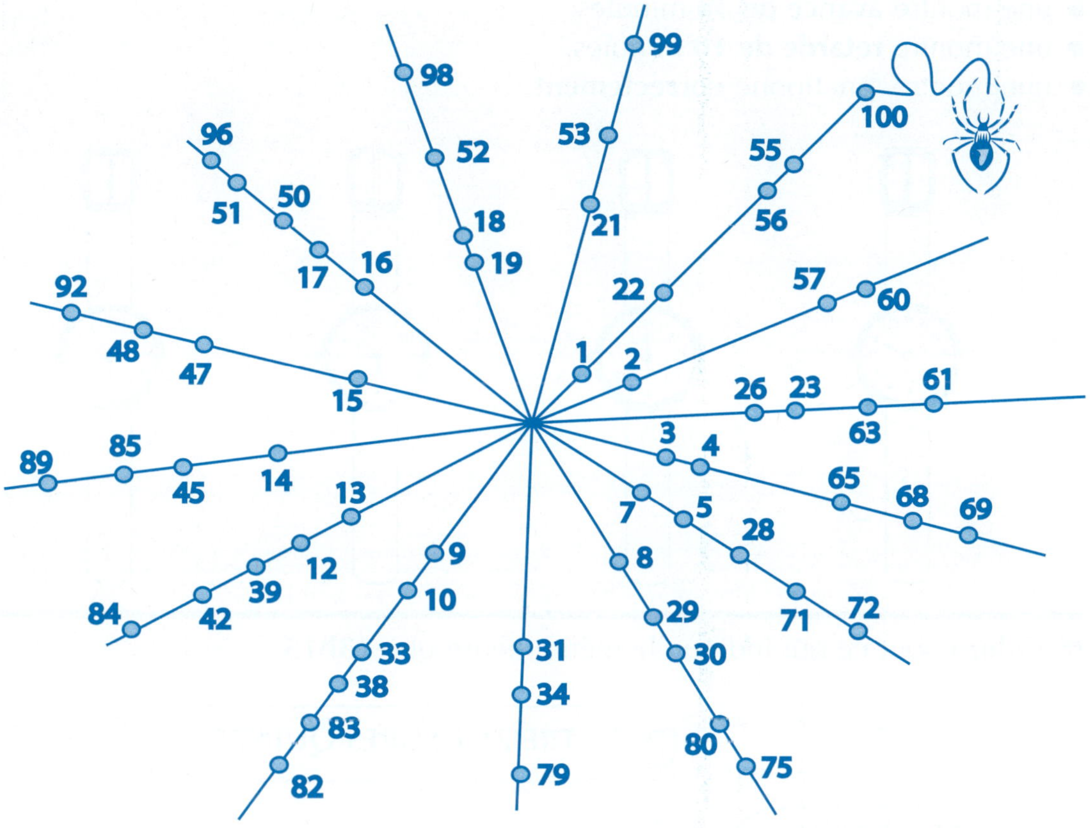

⏭ **Choisis** un crayon de couleur, d'une couleur qui te plait.

⏭ **Colorie** les cases contenant des nombres pairs : un nombre pair apparaîtra.

91	21	22	25	24	36	10	55	18	44	92
11	32	40	15	53	97	80	27	64	37	38
14	23	20	95	44	28	12	45	8	84	62
9	13	10	83	36	67	73	33	60	2	80
47	7	84	75	42	83	77	65	54	57	4
93	57	34	5	64	82	78	17	6	16	88

17 - QUELLE HEURE EST-IL ?

⏭ **Colorie** la montre qui indique la bonne heure sachant que :

- une montre **avance de 10** minutes,
- une montre **avance de 30** minutes,
- une montre **retarde de 10** minutes,
- une montre fonctionne **correctement**.

⏭ **Colorie** tout ce qui indique la même heure que **13h15**.

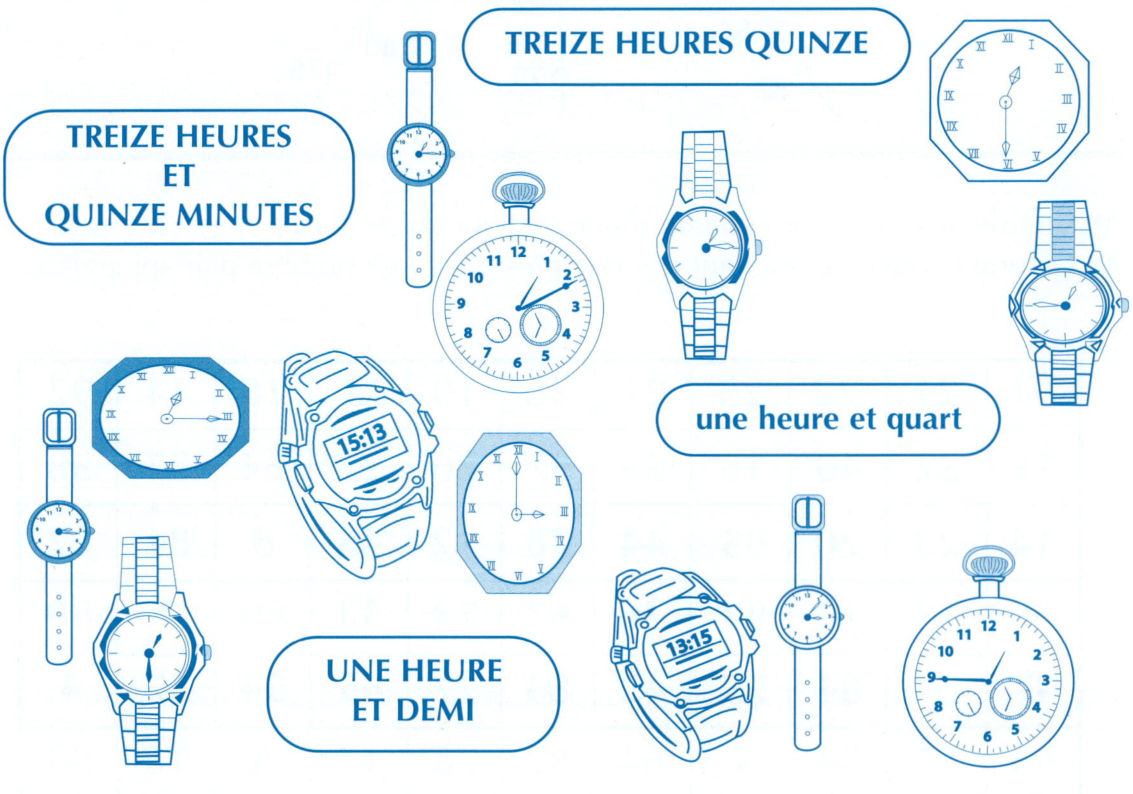

18 - LES NOMBRES CASÉS

La somme des nombres d'une ligne
(verticale ou horizontale)
doit être **23.**

⏭ Ecris chaque nombre à sa place.

1 - 2 - 2 - 7 - 8 - 9 - 10 - 15

	4	3	
			5
		5	0
12		6	3

La somme des nombres d'une ligne
(verticale ou horizontale)
doit être **30.**

⏭ Ecris chaque nombre à sa place.

2 - 3 - 5 - 7 - 9 - 11 - 13 - 17

	6	4	
2			8
10			0
15		8	

La somme des nombres d'une ligne
doit être 39.

⏭ Ecris les nombres manquants.

	9		19
4		16	8
12			7
	6	10	

19 - LA LIGNE DE PARTAGE

⏭ **Trace une ligne droite** pour partager les jetons en deux groupes de valeur égale.

La somme de ces jetons est : 48

20 8

4 4 2

3 6

1

La somme de ces jetons est : 60

6 9 3

5 7

15 10 5

La somme de ces jetons est : 50

7 2 12

5 3

0 8 13

La somme de ces jetons est : 84

5 7

20 9 4

0 11

12 10 6

20 - LES SIGNES

⏭ **Ecris** chaque signe à sa place afin que les opérations soient exactes.

+ . + . + . + . + . + . - . - . - . - . x . x . x

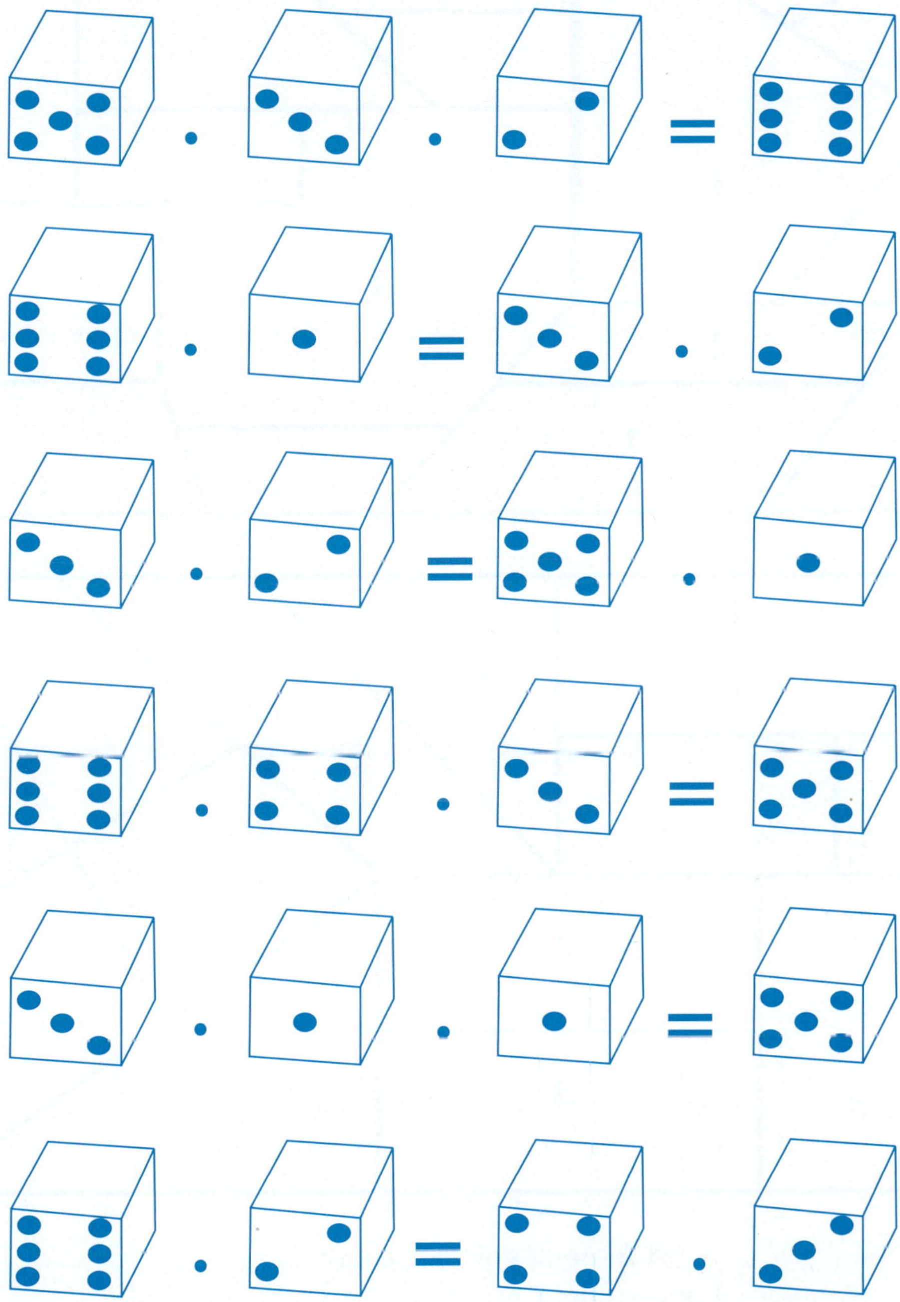

21 - UN-DEUX-TROIS

⏭ Dans chaque case, **écris** les chiffres 1-2 ou 3.
Attention ! 2 cases qui se touchent par un côté **doivent contenir un chiffre différent.**

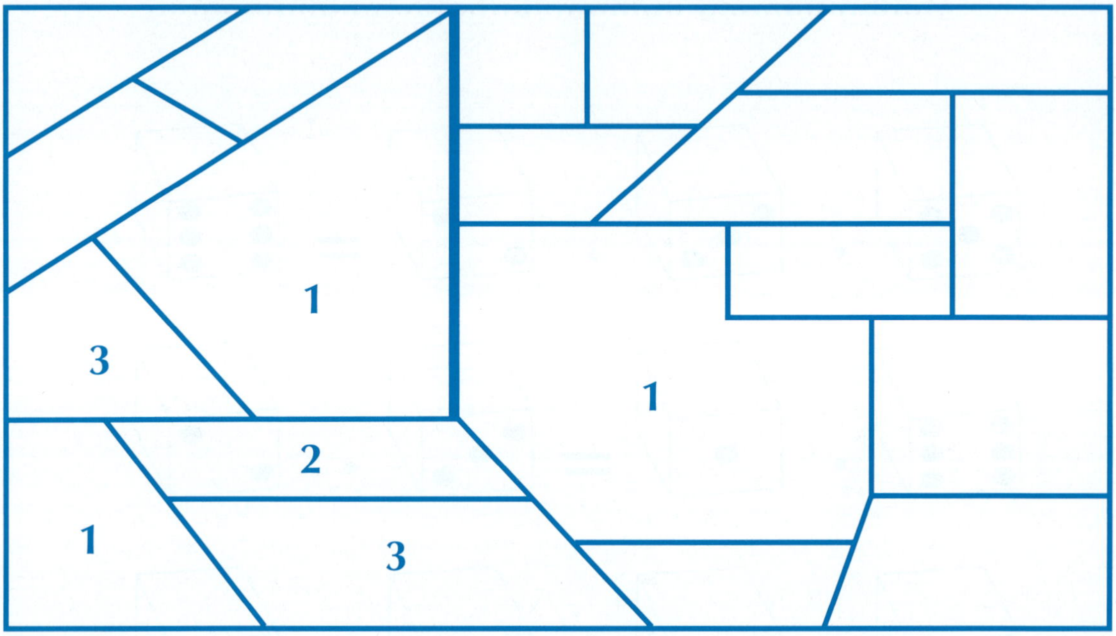

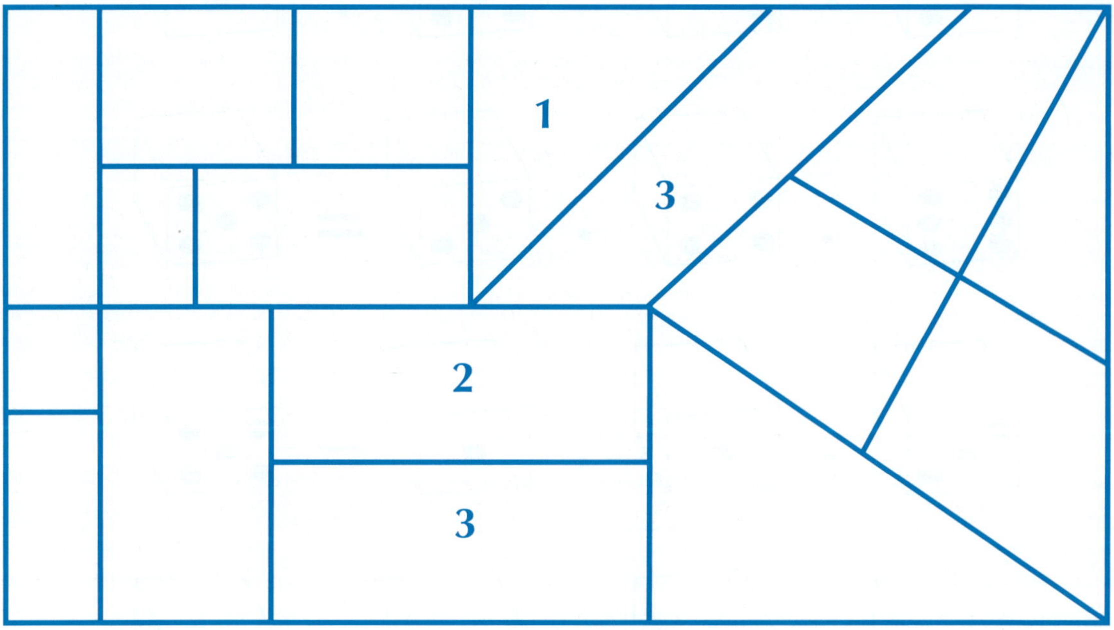

⏭ **Tu peux colorier les cases**
en utilisant **une couleur différente** pour chaque chiffre.

22 - SUITES INCOMPLÈTES

⏭ **Complète** chaque suite.

3 . 6 . 9 . 12 . ___ . 18 . 21

10 . 20 . 30 . 40 . 50 . 60 . ___

a . e . i . o . u . a . e . i . o . u ._ ._ . i ._ ._

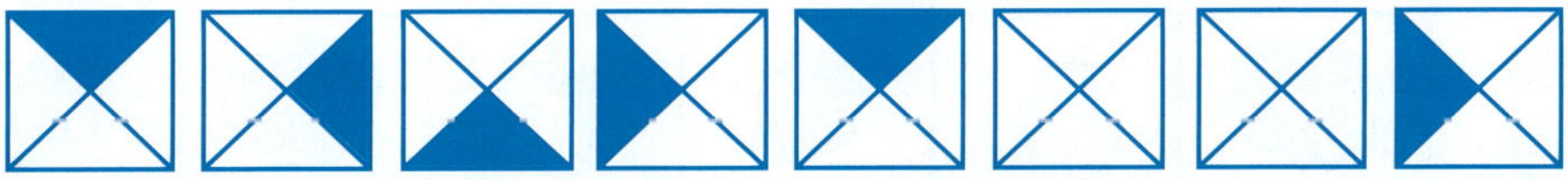

1A.2B.3C.4D.5E.6F. _G .8_ . __ .10J

23 - LE LABYRINTHE

⏭ **Trace** le chemin que Dan doit suivre afin de récupérer son rateau.
Il peut se déplacer **verticalement** ou **horizontalement** mais **attention !**
Il doit remplir son panier en mettant **dans l'ordre ces 4 aliments** :

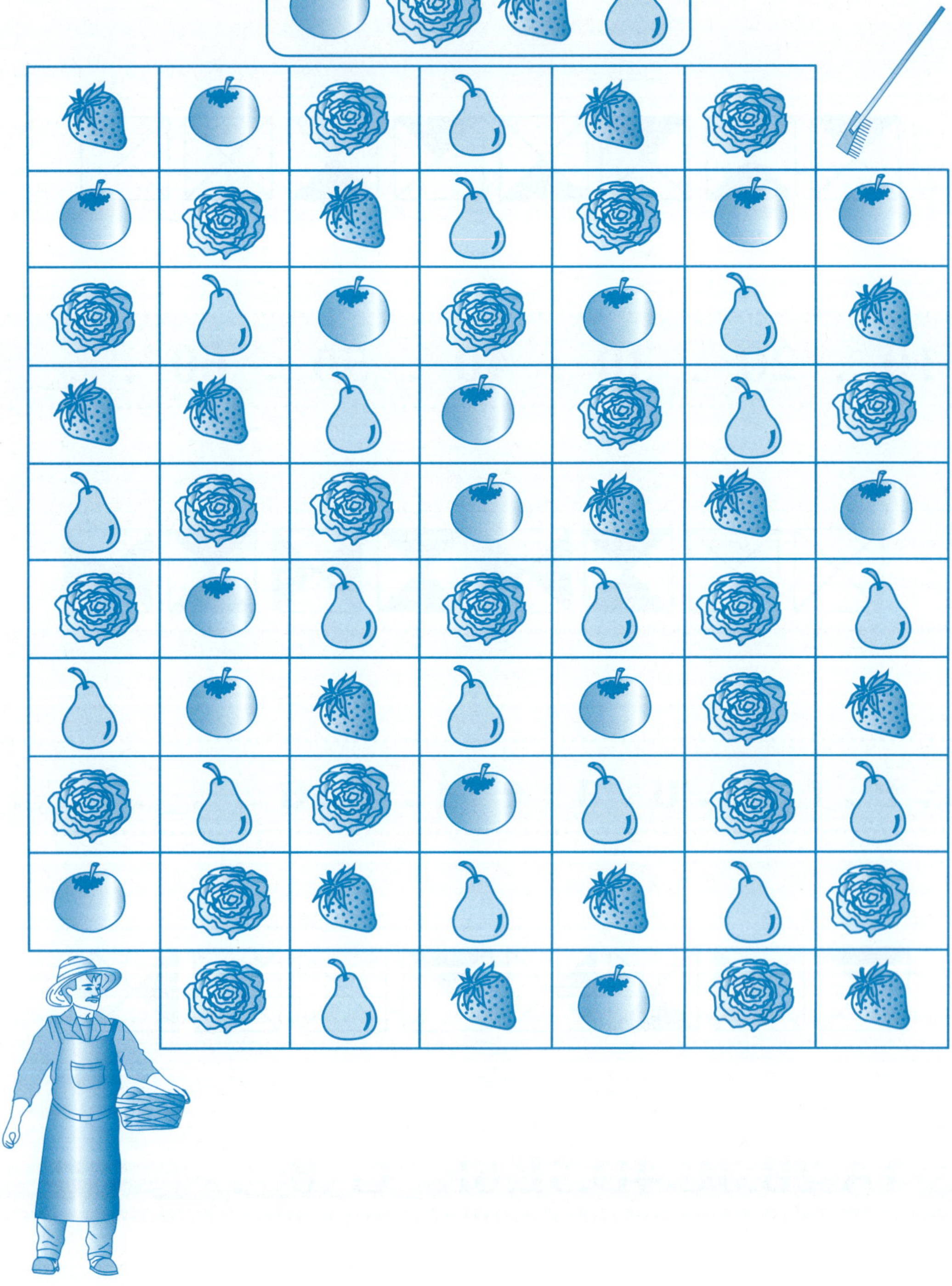

24 - LE CADRE MANQUANT

Chaque ligne verticale et horizontale doit comporter 3 formes différentes.

⏭ **Entoure** le cadre qui complète chaque grille.

⏭ **Dessine** chaque forme, à sa place dans la grille.

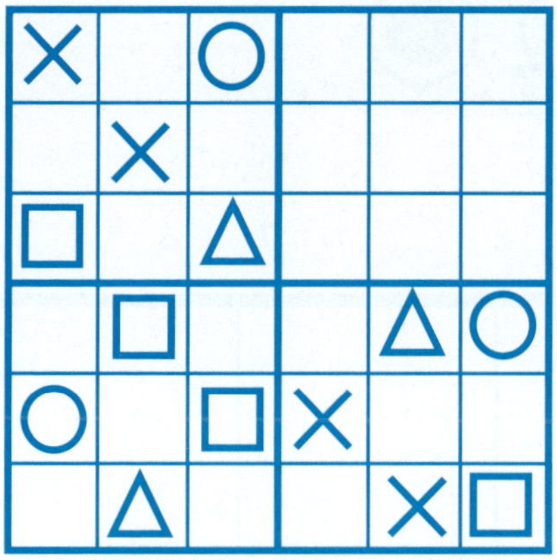

1

A B C

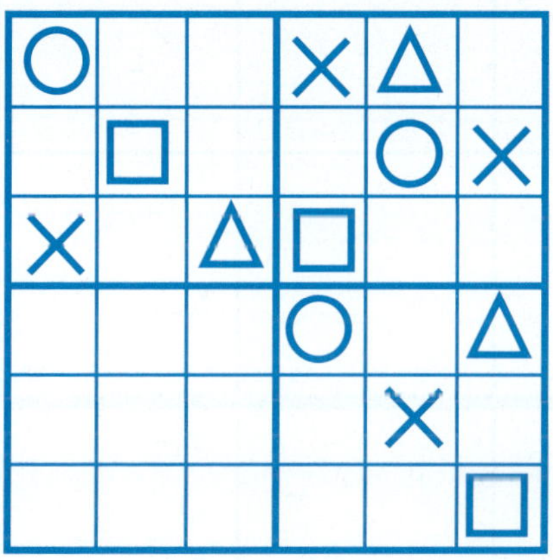

2

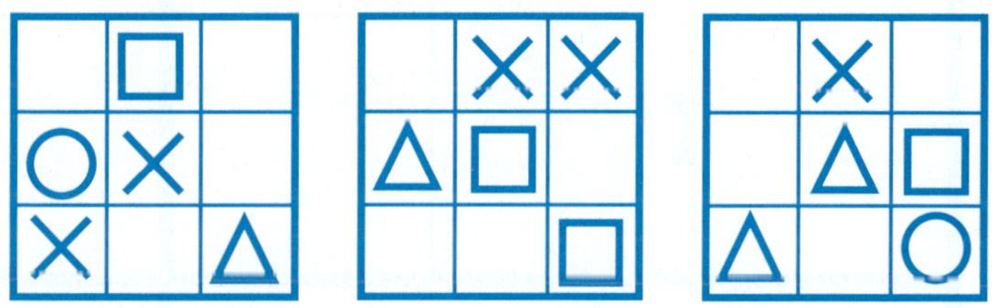

A B C

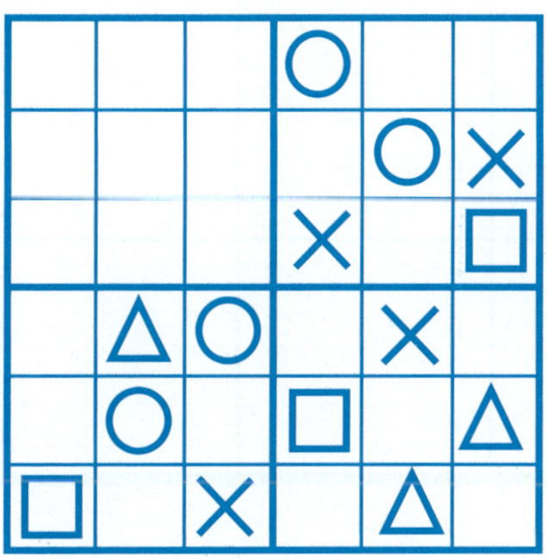

3

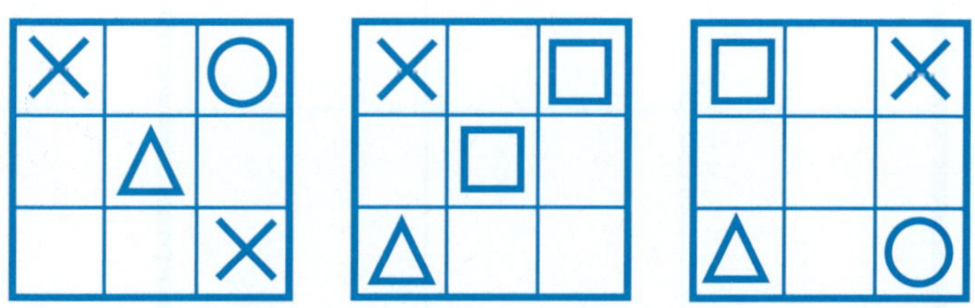

A B C

25 - LA GRILLE A REMPLIR

⏭ **Au crayon à papier, dessine** sur chaque ligne verticale et horizontale **3 signes différents**. Tu peux seulement utiliser ces 5 signes :

+ ▽ □ ○ ◉

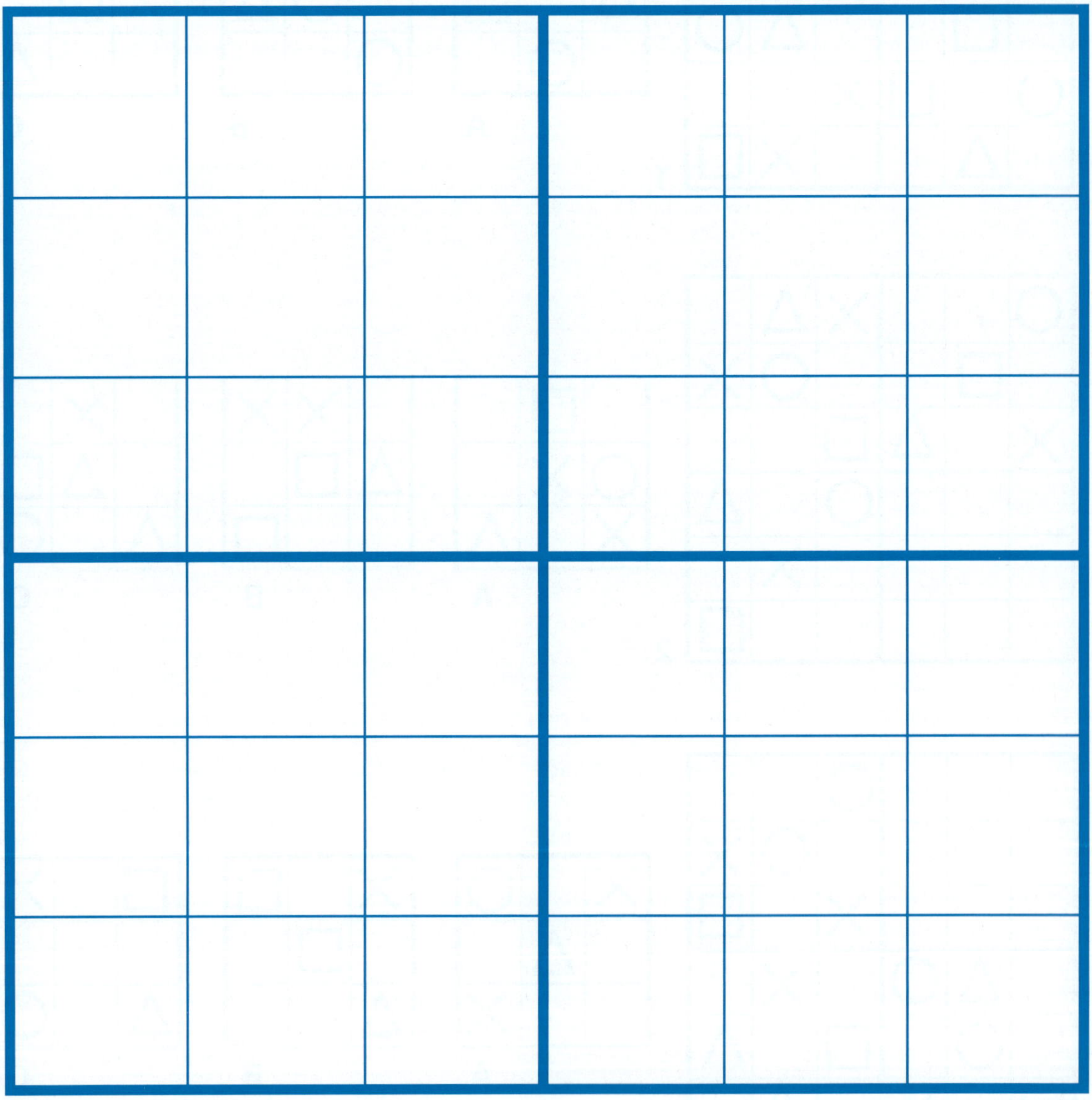

26 - A CHACUN SA PLACE

Chaque ligne verticale et horizontale doit comporter 3 formes différentes.

⏭ **Relie** à chaque grille, les deux cadres qui la complètent.

⏭ **Trace** ensuite chaque forme à sa place dans la grille.

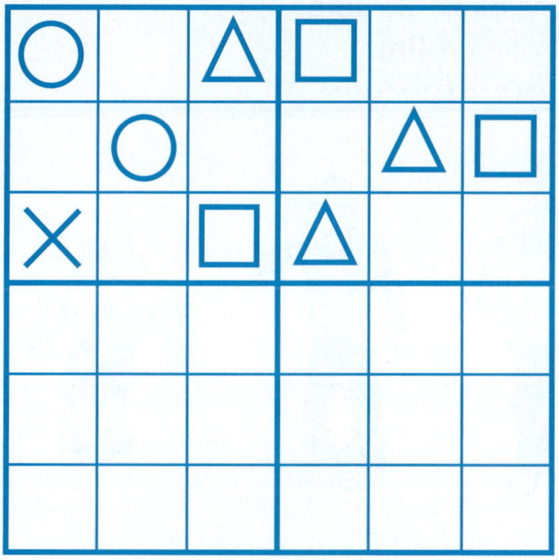

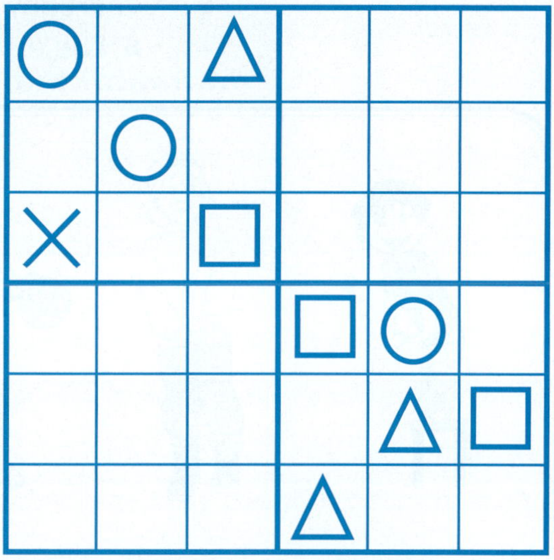

1

A

B

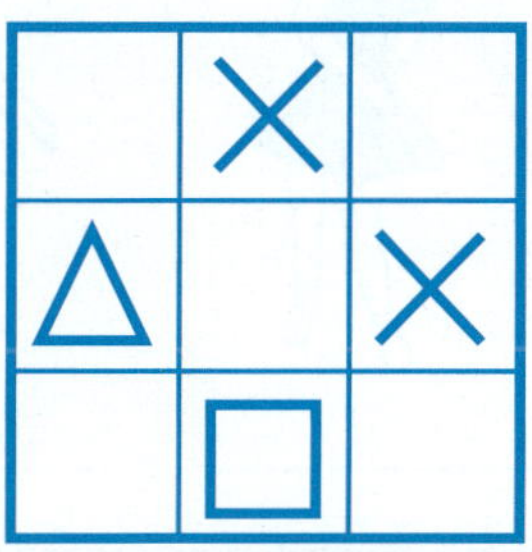

C

2

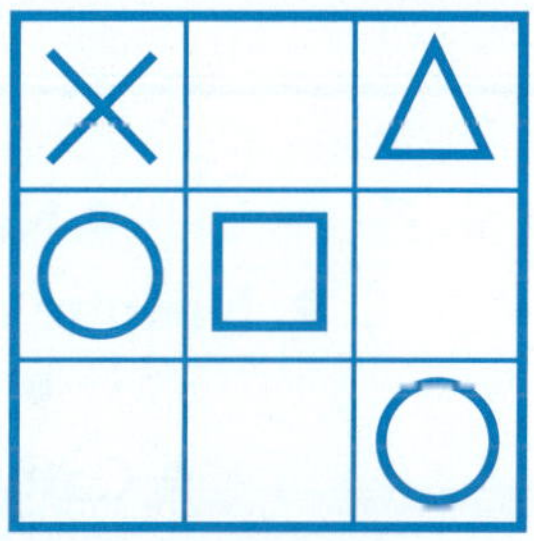

A

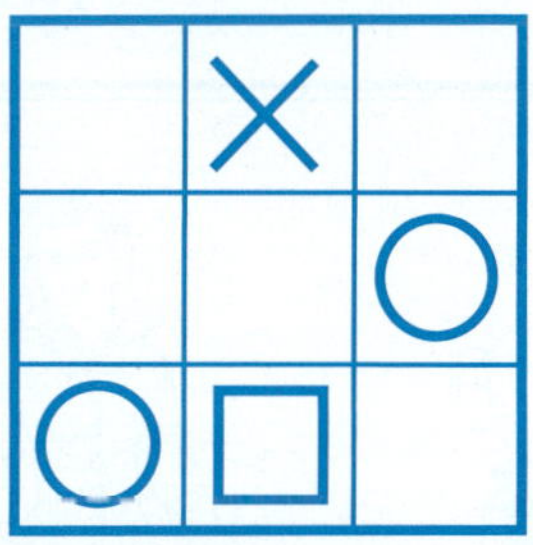

B

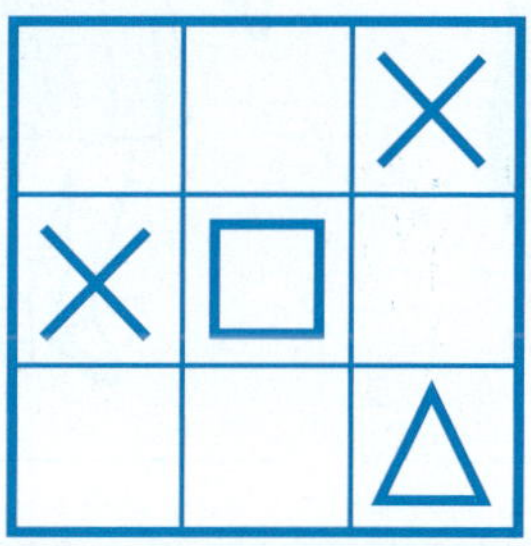

C

27 - A CHACUN SON PRÉNOM

⏭ En t'aidant des indices encadrés,
écris son prénom sous chaque personnage.

- **Jules** est au centre.
- **Jules** est entre **Luc** et **Freddy**.
- Il y a **Freddy** à la gauche de **Tom**.
- **Luc** est à droite de **Jim**.

--------------- --------------- --------------- --------------- ---------------

- **Noémie** et **Julie** sont voisines.
- **Noémie** n'est pas la plus petite mais **Julie** si.
- **Marie** est la plus grande.
- **Cathy** est toujours à côté de **Marie**.
- **Sylvie** est la plus éloignée de **Julie.**

--------------- --------------- --------------- --------------- ---------------

28 - LA PHOTO DE GROUPE

⏭ **Entoure** le personnage qui correspond au portrait ci-dessous.

- Je ne mets jamais de bottes ni de chapeau.
- J'ai les cheveux longs mais ils sont toujours attachés.
- Je porte un cartable.
- L'une de mes voisines a un chapeau.
- Mes voisines ne portent pas de cartable.

- Invente un prénom au personnage entouré.

....

29 - LE PLUS LOURD

⏭ Dans chaque cadre, **entoure** ce qui pèse le plus lourd.

30 - LES ADDITIONS CODÉES

Chaque forme remplace un chiffre.

⏭ **Trouve** lequel puis **écris-le** dans le cadre bleu.
Aide-toi de la première ligne.

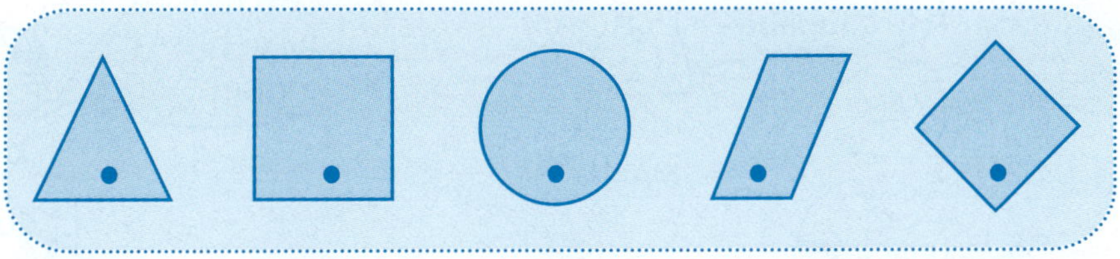

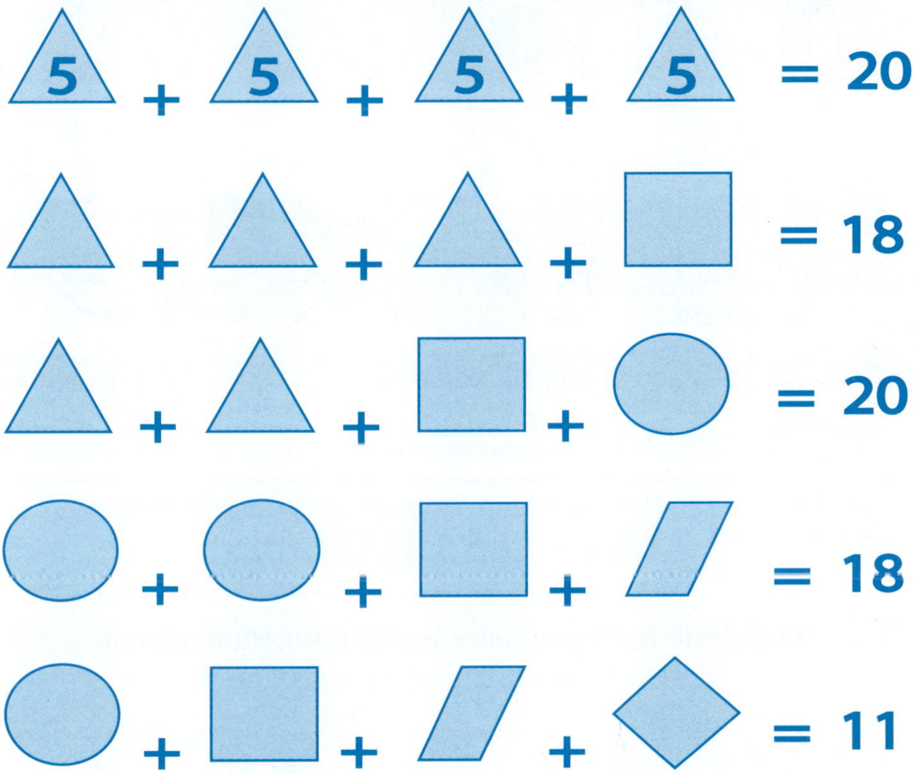

⏭ **Ecris** la somme de chaque addition.

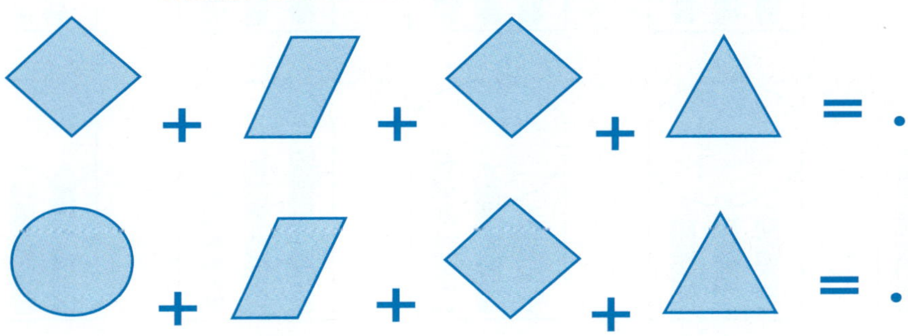

31 - QUI DIT VRAI ?

⏭ **Colorie** le personnage qui a cassé le vase.
Aide-toi des indices écrits sous les personnages et de ce qu'ils disent.

Fabrice ne ment jamais.

Mattis ment très rarement.

Curtis ment en permanence.

31bis - LES CRAYONS

⏭ **Colorie** les 3 pochettes qui te permettent d'avoir 3 petits crayons, 3 moyens et 3 grands.

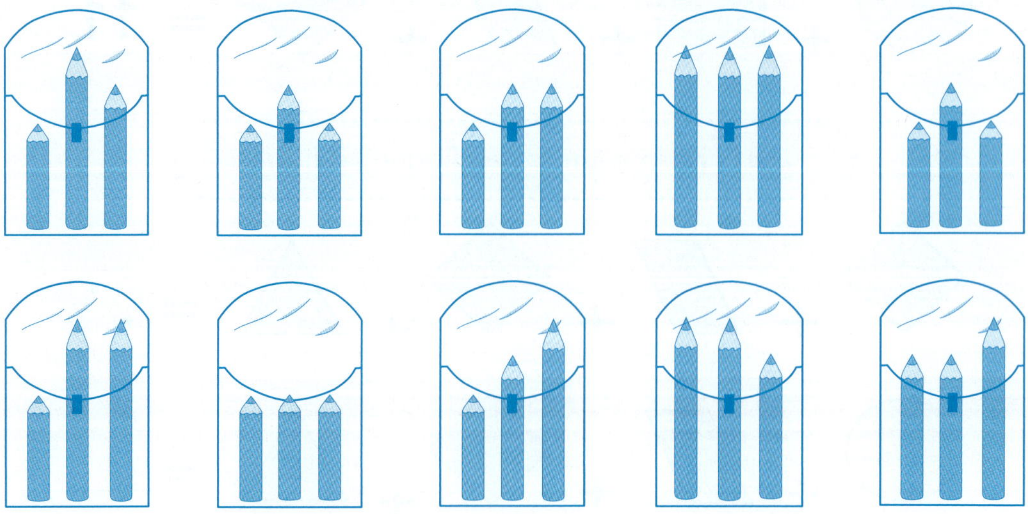

32 - LES LIVRES

⏭ **Ecris** sur chaque livre le titre qui lui correspond en t'aidant des indices encadrés.

- Le titre le plus long est sur le livre le plus grand.
- Le livre "**Rosa chérie**" est entre le plus grand et le plus petit.
- A côté du livre qui est le plus à gauche, il y a "**Sauve qui peut !**"
- L'encyclopédie **"Les dinosaures"** est le plus épais des livres.
- "**Gare aux requins !**" touche "**Sauve qui peut !**".

SAUVE QUI PEUT ... | GARE AUX REQUINS | POMME, GOMME, PETIT HOMME...

ROSA CHÉRIE | AU ZOO | LES DINOSAURES

- **Choisis** 6 feutres et **colorie** chaque prénom d'une couleur.
- **Trouve** le livre **qui rime** avec chaque prénom puis **colorie-le** de la même couleur.

ROMAIN | AURORE | EMILY | MATHIEU | TOM | MATÉO

33 - LES TIMBRES

Papa a donné sa collection de 50 timbres à ses 5 enfants.
Chacun choisit ceux qu'il préfère.

⏭ **Stéphane** en choisit **8**.
⏭ **Paul** en prend **autant que Stéphane**.
⏭ **Marion** en choisit **4 de plus** que **Paul**.
⏭ **Tiphaine** en a **6 de moins** que **Stéphane**.
⏭ **Léo** en a **12 de plus** que **Tiphaine**.

⏭ **Ecris sous chaque prénom** combien chacun a pris de timbres.

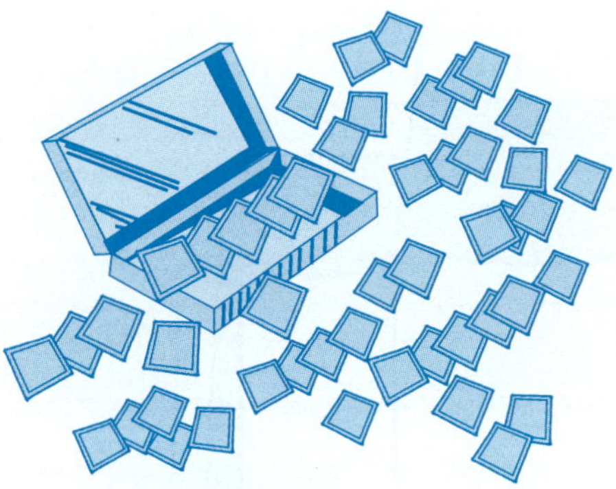

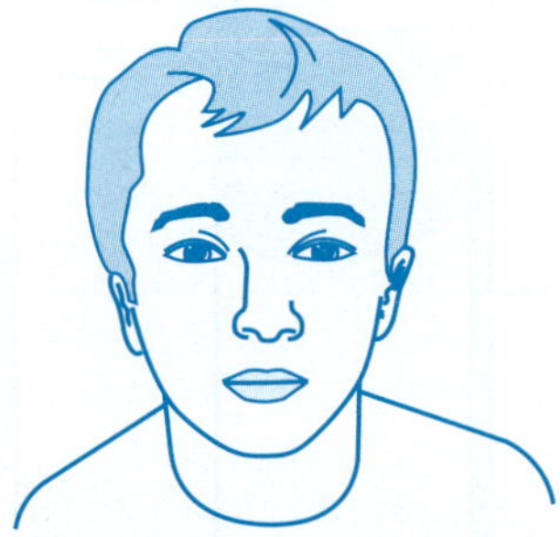

STÉPHANE

....

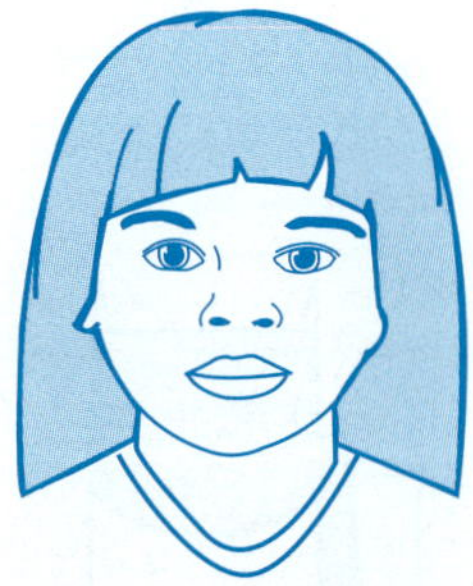

TIPHAINE

.....

MARION

.....

PAUL

.....

LÉO

.....

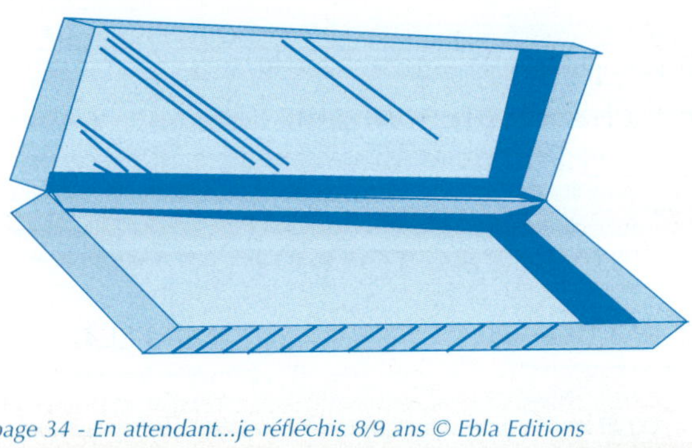

Quand les enfants ont fini de choisir les timbres qu'ils préfèrent, **combien en reste-t-il dans la boîte ?**

....

DESSINE-LES.

DOMAINE DES MOTS ET DES LETTRES

1 - LES CADRANS

BETISE-TRISTE-MENTIR-CANINE / USINE-PERMIS-LÉGÈRE-VIRAGE

CRÈCHE PERCER CENTRE-COPINE/USAGÉS-USERAS-NUAGES-BATEAU

2 - LE BON SENS

horloge - trapéziste - jardinier - crocodile - châpiteaux - décorateur - distribuer - grammaire

3 - LES BONNES SYLLABES

AU / TOM / NE - MA / GI / QUE - PEN / DU / LE - CA / GOU / LE -

CHÂ / PI / TEAU - PA / QUE / BOT

4 - DANS L'ORDRE

BATTERIE OBLIQUE VÉRITABLE - IMMÉDIAT - BIBERON

5 - LES SYLLABES EN VRAC

EFFACER - SÉPARER - RENCONTRER - SANGLOTER - QUESTIONNER - PLEURNICHER - RASSEMBLER - ENFERMER -

intrus : PARCOURIR (seul verbe en "ir")

5bis - LES LETTRES BARRÉES

D / égout - A / crème - T / pire - E / crise **mot obtenu :** DATE

M / rape - I / glacer - E / marin - L / main **mot obtenu :** MIEL

6 - LE DIALOGUE SECRET

- Allo Bob ? c'est Ben. Dimanche matin je vais à la piscine. Pourrais-tu venir ?
- Attends, je demande à mes parents... Ils sont d'accord mais pas avant 10H30.
- Super ! Alors à dimanche devant ton portail.

7 - LES NOTES DE MUSIQUE

PARASOL - APLATIR - RÉVEILLER - DORMIR - FACILE

MISÈRE - BASSINE - ENSOLEILLÉ - ADORABLE - GRÉGORY - FAIBLE

REPÔNDRE - FAMILLE - CASSIS - BIDON - SOLIDE - LARGE

SIFFLER - BALLADE - FATIGUE - ADMIRÉ - SOLAIRE - DOMPTEUR

DOMAINE DE L'ESPACE

8 - LES MOZAÎQUES-PUZZLES

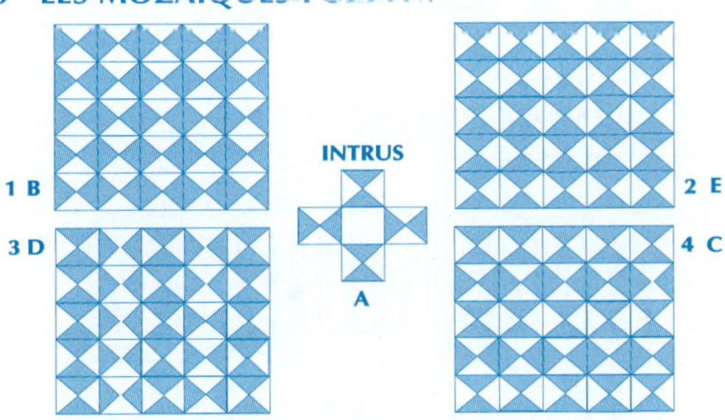

11 - LES DOMINOS CASÉS

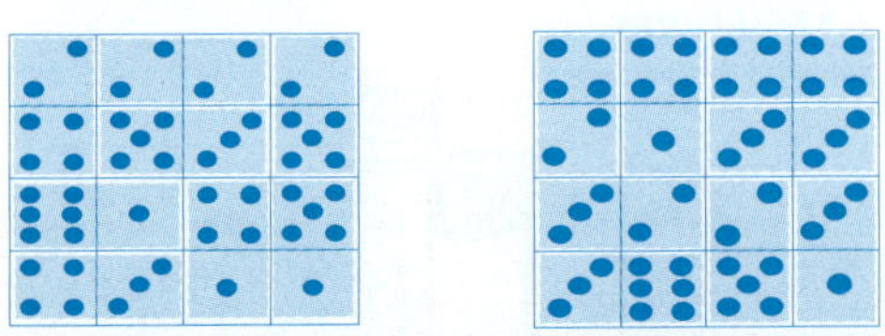

12 - LES PANTINS

Tu peux composer

4 pantins complets.

13 - LES CUBES

14 - COLORIAGE CODÉ

DOMAINE DES NOMBRES

15 - COMME LE SUDOKU

A	F	B	D	E	C
E	C	F	A	D	B
D	B	C	E	A	F
F	A	D	B	C	E
B	D	E	C	F	A
C	E	A	F	B	D

C	D	E	F	A	B
A	B	C	D	E	F
E	F	A	B	C	D
D	C	F	E	B	A
F	E	B	A	D	C
B	A	D	C	E	E

9	3	7	4	1	2	8	5	6
6	1	2	7	5	8	4	3	9
8	5	4	9	6	3	2	1	7
2	8	3	5	9	7	6	4	1
1	4	5	8	3	6	9	7	2
7	6	9	2	4	1	3	8	5
3	7	8	6	2	5	1	9	4
4	2	1	3	7	9	5	6	8
5	9	6	1	8	4	7	2	3

16 - LES NOMBRES PAIRS

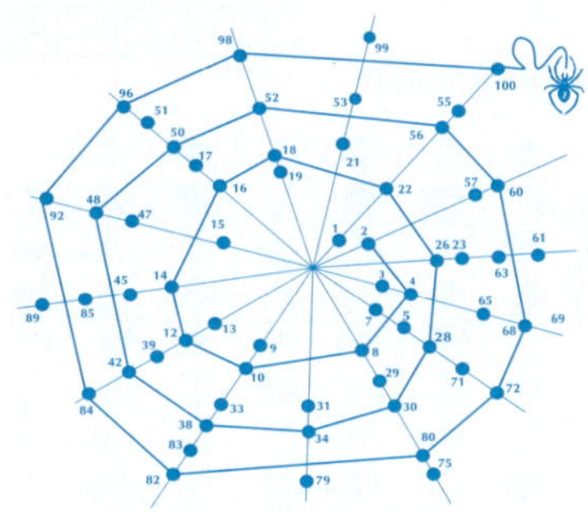

91	21	22	25	24	36	10	55	18	44	92
11	32	40	15	53	97	80	27	64	37	38
14	23	20	95	44	28	12	45	8	84	62
9	13	10	83	36	67	73	33	60	2	80
47	7	84	75	42	83	77	65	54	57	4
93	57	34	5	64	82	78	17	6	16	88

17 - QUELLE HEURE EST-IL ?

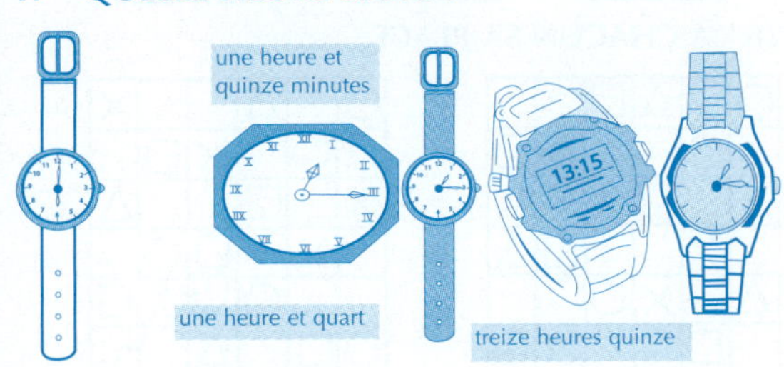

18 - LES CASES VIDES

1	4	3	15
2	7	9	5
8	10	5	0
12	2	6	3

3	6	4	17
2	9	11	8
10	13	7	0
15	2	8	5

5	9	6	19
4	11	16	8
12	13	7	7
18	6	10	5

19 - LA LIGNE DE PARTAGE

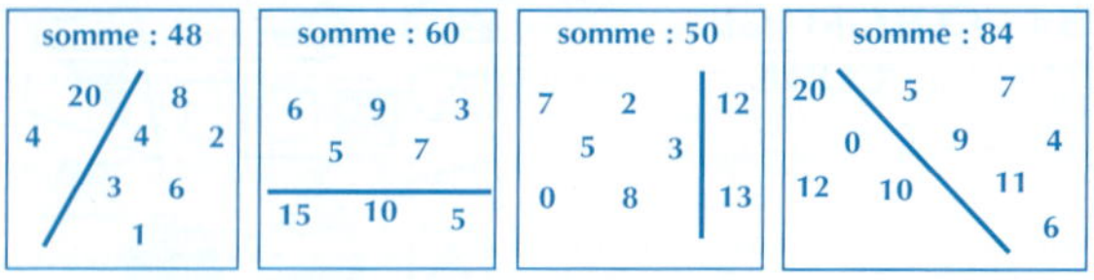

20 - LES SIGNES

5 + 3 - 2 = 6
6 - 4 + 3 = 5

6 - 1 = 3 + 2
3 X 1 + 1 = 4

3 X 3 = 5 + 1
6 X 2 - 6 = 6

DOMAINE DE LA LOGIQUE

21 - 1-2-3

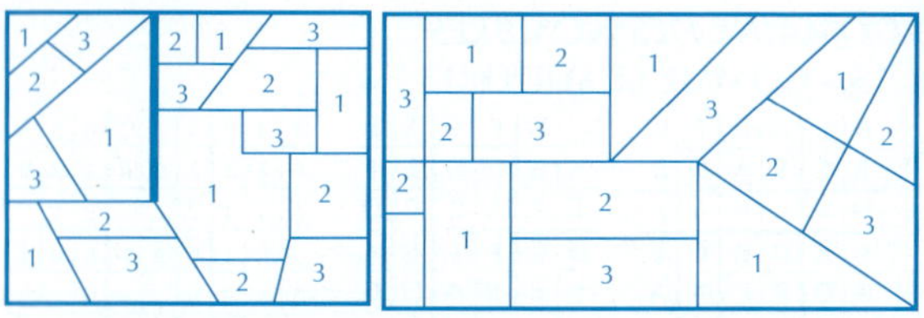

22 - SUITES INCOMPLÈTES

3 - 6 - 9 - 12 - 15 - 18 -21
10 - 20 - 30 - 40 - 50 - 60 - 70
a-e-i-o-u-a-e-i-o-u-a-e-i-o-u-
1A-2B-3C-4D-5E-6F-7G-8H-9I-10J

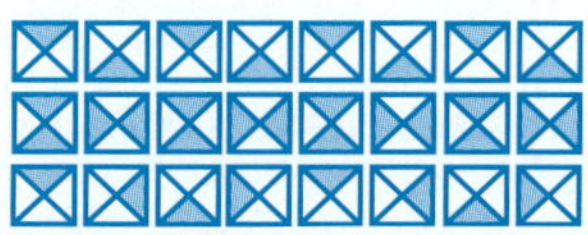

23 - LE LABYRINTHE

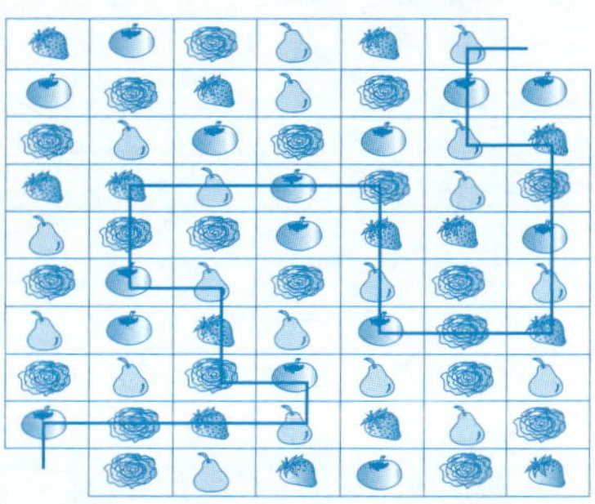

24 - LE CADRAN MANQUANT

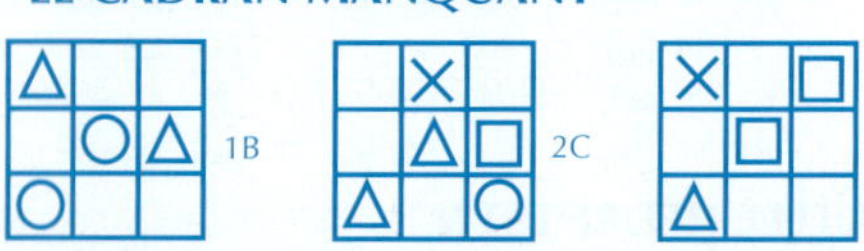

26 - A CHACUN SA PLACE

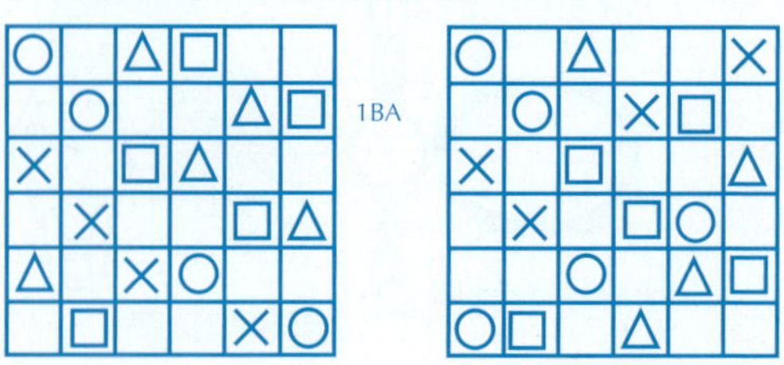

27 - A CHACUN SON PRÉNOM

JIM - LUC - JULES - FREDDY - TOM
SYLVIE - MARIE - CATHY - NOÉMIE - JULIE

28 - LA PHOTO DE GROUPE

29 - QUI EST LE PLUS LOURD ?

30 - LES ADDITIONS CODÉES

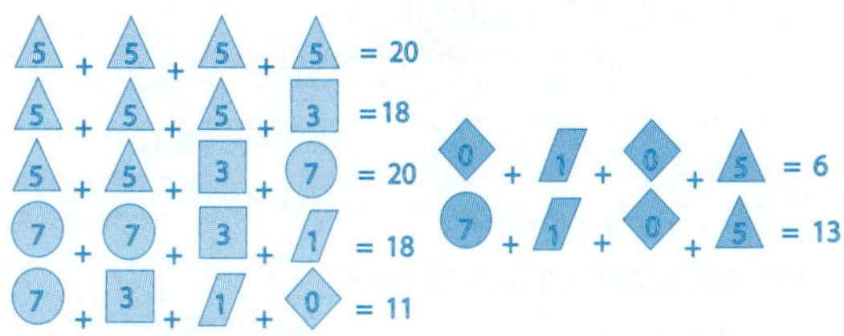

31 - QUI DIT VRAI ?

C'est **Fabrice** qui a cassé le vase.

LES CRAYONS

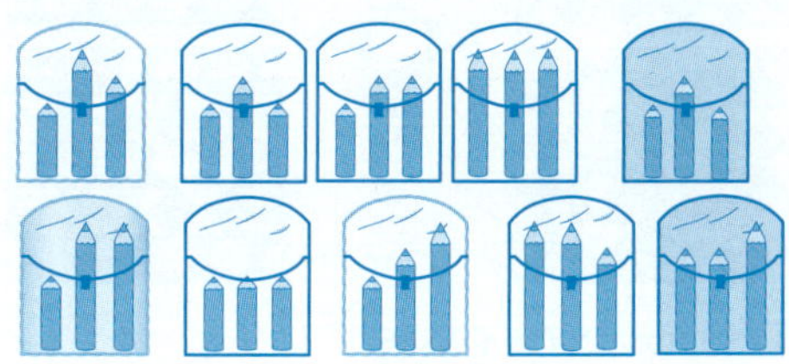

32 - LES LIVRES

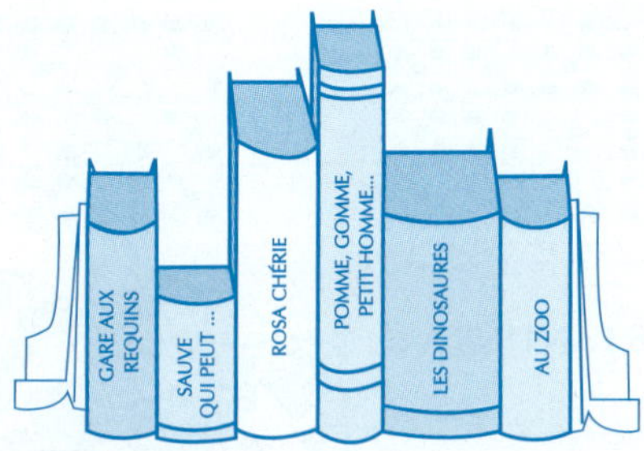

Rosa chérie-Emily / Pomme...-Tom / Gare aux requins-Romain / Dinosaures-Aurore / Sauve qui peut-Mathieu / Au zoo-Matéo

33 - LES TIMBRES

- **Stéphane : 8** **Paul : 8** (autant que Stéphane) **Marion : 12** (4 de plus que Paul soit 8+4) **Tiphaine : 2** (6 de moins que Stéphane soit 8-6) **Léo : 14** (12 de plus que Tiphaine soit 12+2)
- Il reste **6 timbres** après le partage : 8+8+12+2+14=44 50-44=6